ARMÉE DE LA LOIRE

HISTOIRE D'UN RÉGIMENT

PAR

LE CAPITAINE ROBERT C***

CHEVALIER DE LA LÉGION-D'HONNEUR

DIJON

IMPRIMERIE J.-E. RABUTOT

Place Saint-Jean, 1 et 3

1871

Notre âge et notre faible expérience ne nous permettent pas de faire de ce court récit une relation exacte et critique des opérations de nos armées formées sur la Loire. Nous dirons seulement, avec une scrupuleuse sincérité, ce que nous avons vu, afin que les quelques personnes qui liront ces pages puissent un peu connaître et juger une armée qui a livré dans l'espace de trois mois des combats continuels, plus trois batailles qu'on peut ranger, assurément, parmi les plus sanglantes rencontres de cette terrible guerre.

ARMÉE DE LA LOIRE

HISTOIRE D'UN RÉGIMENT

Le 38ᵉ de marche fut définitivement formé au Mans, le 16 octobre 1870. Ce régiment, commandé par le lieutenant-colonel Baille, forma avec les mobiles de la Mayenne la 2ᵉ brigade de la 2ᵉ division du 16ᵉ corps d'armée. Le lieutenant-colonel Baille fut désigné pour commander cette brigade, composée, à son départ, de 8,000 hommes environ.

Ce premier chiffre indique déjà, aux hommes versés quelque peu dans les connaissances militaires, quelle terrible tâche incombait à cet officier supérieur, qui seul, sans état-major, dut commander cette masse d'hommes depuis le 16 octobre jusqu'au 11 janvier.

La composition du régiment était assez bonne. Beaucoup de vieux soldats d'Italie et du Mexique, des engagés volontaires et un assez grand nombre d'hommes échappés de Sedan.

Après avoir été du Mans à Tours par étapes, notre brigade fut expédiée par les voies rapides à

Vendôme, qui semblait menacé par la prise et l'incendie de Châteaudun; nous fûmes placés, dès lors, sous les ordres du général de division Barry.

Depuis notre entrée en campagne jusqu'au 8 novembre, nous restâmes campés en arrière de la forêt de Marchenoir, dans des terrains fort détrempés, soumis à une discipline assez sévère (exécutions nombreuses) et entourés de paysans qui nous vendaient la botte de paille 1 fr. 50. Cependant le soldat ne murmurait pas ou murmurait peu, en raison de ce qu'on pouvait attendre d'une armée formée à la hâte dans un pays sans gouvernement.

Notre droite était appuyée sur la Loire, à Mer, et notre gauche à la forêt de Marchenoir. La droite de l'armée bavaroise s'étendait jusqu'à Ouzouer-le-Marché; sa gauche occupait Orléans.

Vers le 6 novembre, le bruit de la capitulation de Metz courut dans le camp, et fut confirmé quelques heures après.

Ceux de nous qui réfléchissaient jugèrent notre cause comme perdue; ceux qui ne réfléchissaient pas, et ce fut le plus grand nombre, ne perdirent pas l'espérance de repousser l'invasion. — Le 7, on ne parlait que d'armistice, et le 8 nous entendions le canon. C'était une reconnaissance offensive qui repoussait les avant-postes prussiens, à 16 kilom. de nous, au nord de la forêt de Marchenoir.

La nouvelle de ce petit succès nous remplit de joie, et le lendemain nous partons pleins de confiance. Après quelques heures de marche, nous

traversons cette belle forêt de Marchenoir, propriété
du jeune duc de Luynes, tué à la tête d'un bataillon
de mobiles, le 2 décembre, à la bataille d'Orléans.
A la sortie de la forêt, nos soldats furent tout éton-
nés de voir à leur droite et à leur gauche de grandes
masses de troupes. Nous avions devant nous une
vaste plaine : on nous fit mettre aussitôt en colonnes
par divisions, notre brigade en réserve; cette armée
de 100,000 hommes, débouchant de la forêt comme
par enchantement, s'ébranla avec un ordre parfait
dans la direction de Mézières, où s'établit, le soir
même, le quartier général du 16ᵉ corps, commandé
par le général Chanzy.

Quand l'ordre fut donné de camper, nous avions
traversé la route de Châteaudun à Orléans, sans
rencontrer aucune résistance. Les Prussiens, surpris et effrayés (c'est l'expression d'un de leurs
généraux) de l'ordre avec lequel s'avançait cette
jeune armée, à l'existence de laquelle ils ne
croyaient même pas, s'étaient repliés sur leurs positions, bien établies à Champs, Coulmiers et Baccon.

Nous passâmes tous gaiement et pleins de confiance la nuit qui précéda la seule bataille au sujet
de laquelle les Prussiens furent obligés de reconnaître qu'on les avait contraints d'abandonner
leurs positions.

Le lendemain 9 novembre, nous reprîmes dans
le même ordre notre marche, et la 2ᵉ brigade dut
prendre comme direction le village de Coulmiers.

Vers dix heures et demie, après quelques coups

de feu tirés à notre droite et en avant de nous, la voix du canon se fait entendre, et la bataille s'engage devant Baccon. La canonnade devient de plus en plus vive, et une fusillade terrible lui succède bientôt. Vers midi, nous recevons la nouvelle que Baccon est enlevé; presque en même temps le feu s'engage à notre gauche, et nous apercevons devant nous le clocher de Coulmiers, le château et les arbres du parc, dans lequel l'infanterie bavaroise, fortement protégée par une batterie de position et par des pièces de campagne, s'apprêtait à nous faire une vigoureuse résistance.

Le général Barry, profitant alors de ce que son artillerie est supérieure en nombre à celle des Prussiens, la fait avancer sous les ordres du colonel de Noue. Nos batteries, s'échelonnant continuellement, s'avancent avec une grande vigueur sur les batteries ennemies, qui, après une heure de canonnade acharnée, reculent de 2 kilom. environ.

Cependant l'infanterie placée dans le village et dans le parc, à l'abri de nos projectiles, tenait bon. Il était près de deux heures : Coulmiers était alors le seul point résistant, et il fallait à tout prix l'enlever. Le général lance sa première brigade (31e de ligne et 22e mobiles) sur le village et le parc. Aussitôt une fusillade des plus vives s'engage, et des nuages de fumée sortent de la haie qui entoure le château. Nos troupes leur répondent, mais sans faire essuyer de pertes sérieuses à nos ennemis, qui ne se montrent pas. Nos mobiles s'avancent, néanmoins, sous une grêle de balles, entraînés par le commandant de Chadois, qui, monté sur un cheval blanc et bien en vue de l'ennemi, leur donne l'exemple d'un courage poussé jusqu'à la témérité.

Bientôt, après quelques mouvements de panique réprimés par ce vigoureux officier, les hommes se couchent à terre et font un feu très mou, tandis que les Prussiens, enhardis et bien abrités derrière leurs arbres, redoublent leur tir. Le colonel du 31e tombe frappé mortellement, le commandant de Chadois est blessé. La situation devenait critique.

Le général fit alors appeler notre colonel, et lui donna l'ordre de détacher un bataillon sur la droite du village, de manière à tourner le parc, et aussi de lancer une compagnie au pas gymnastique à travers les rangs du 22e mobile, pour l'appuyer et l'entraîner. Le colonel, après avoir envoyé le commandant Gariod, de manière à menacer la gauche de l'ennemi, se porta lui-même, avec le 3e bataillon, directement sur la haie occupée par les tirailleurs bavarois. Leur feu continua avec fureur. Le général, qui après avoir donné ses ordres avait mis pied à terre, s'élance au milieu des mobiles, en s'écriant : « En avant, mes enfants, vive la France! » Son aide-de-camp, le capitaine de Gravillan, tombe à ses côtés, frappé d'une balle au front. Le même sort attend sans doute les officiers d'état-major et le général lui-même. Mais pendant ce temps, le 38e, lancé au pas gymnastique, arrive sans tirer, avec un entrain irrésistible, à vingt mètres du parc. Nous entendîmes alors le clairon de l'ennemi sonner le « cessez le feu. » La haie fut enlevée, le parc était pris.

Nous fîmes plus de 200 prisonniers dans le château ; le village fut fouillé avec beaucoup de vigueur, puis enfin dépassé.

La nuit tombait ; quelques obus vinrent éclater au milieu de nous, et mirent le feu dans une ferme. C'était une batterie prussienne qui protégeait la retraite de grosses masses sombres que nous voyions s'éloigner dans la direction d'Orléans.

C'était notre première victoire ; la joie fit couler les larmes de nos yeux, et les cris de : « Vive le colonel ! vive la France ! » sortirent de toutes nos poitrines.

La vigueur de notre attaque fit que nos pertes furent presque nulles ; nous ne perdîmes qu'une centaine d'hommes et trois officiers.

A la tombée de la nuit, on nous désigna l'emplacement que nous devions occuper, et, en voyant avec quelle difficulté les différents corps d'une armée victorieuse se retrouvent après le combat, nous pensions que si, à ce moment, l'armée vaincue avait une réserve à jeter sur l'ennemi, les chances de la journée pourraient être changées complétement.

D'ailleurs, ce retour offensif était fort redouté de nos généraux, qui nous défendirent expressément d'allumer des feux et de dresser les tentes. Nous passâmes la nuit sous une pluie assez abondante et glacée.

Nous croyons pouvoir dire que les souvenirs de Sedan pesaient encore sur nous, et paraissaient avoir enlevé de la confiance à nos officiers les plus énergiques. Pendant que nous nous préparions à repousser cette attaque supposée, l'armée de Von der Thann battait en retraite dans la direction d'Arthenay. Les 10,000 hommes qui occupaient Orléans quittaient la ville à deux heures du matin avec une grande précipitation, et parcouraient près de 12 kilomètres, pieds nus, dans une boue épaisse, se croyant attaqués d'un instant à l'autre.

Les convois embourbés ralentirent encore la marche de l'ennemi, et, pour donner une idée du désordre dans lequel se trouvait l'armée bavaroise, nous affirmons comme certain que, dans le village de Gemigny, à quelques kilomètres de nous, leur général en chef resta plus de vingt minutes dans sa voiture sans pouvoir avancer, sur une route encombrée, de toutes parts, d'artillerie et de fourgons. Cette voiture fut laissée avec deux pièces de canon et un convoi considérable de munitions. Le tout fut pris le lendemain, presque sans coup férir, par un régiment de cavalerie de marche.

Le 10 novembre au matin, le bruit courait qu'Orléans était évacué ; nous n'osions pas y croire. Cependant l'ordre de nous mettre en marche fut donné, et les trois bataillons s'avancèrent dans la direction de Saint-Sigismond, échelonnés de manière à faire face à droite dans le cas d'une attaque de cavalerie.

Cette marche, dans des terres argileuses très détrempées, fut des plus pénibles ; mais nous étions vainqueurs, et tous nos jeunes soldats ne cessaient de parler de la journée précédente. L'idée qu'on n'allait pas directement sur Paris leur eût alors paru dénuée de bon sens.

Ici nous ferons remarquer que nous ne voulons faire aucune critique des mouvements faits et des décisions prises. Nous voulons seulement faire connaître l'esprit et les dispositions de l'armée ; et certes, nous avons assez vécu avec le soldat pour pouvoir relater exactement ses impressions de chaque jour.

Le 10 novembre au soir, nous campâmes à Saint-Peravy-la-Colombe, sur le bord de la route d'Orléans, dans un véritable marais. Le 13, nous entendîmes une messe militaire. M. l'abbé Bernard, aumônier divisionnaire, nous fit une allocution qui fit couler des larmes sur bien des vieilles moustaches grises. C'était notre première victoire, la confiance renaissait ! Il n'y a que dans des circonstances semblables, ou dans la douleur d'une défaite, qu'on sent combien l'amour du pays est grand et puissant dans le cœur d'un honnête homme. Et puis, comment ne pas aimer notre belle patrie ; elle était si malheureuse !

Vers le 20 novembre, nous fûmes tous placés dans les positions qui devaient défendre Orléans. Notre brigade avait à garder les bois de Bucy-Saint-Liphard. Au bout de quelques jours, nos hommes, connaissant très bien ces bois, étaient remplis de confiance dans la force de nos positions. Nous pouvons dire que nous désirions tous une attaque. La grande quantité de grosses pièces admirablement établies en avant d'Orléans, la disposition des bois, la situation même de la ville placée au sommet d'un angle formé par la Loire, tout enfin, et surtout le moral de nos troupes, nous donnèrent la conviction intime, et cette conviction nous l'avons encore aujourd'hui, c'est qu'Orléans était imprenable, et que si l'armée prussienne nous eût attaqués elle eût été repoussée, en laissant peut-être 20,000 hommes hors de combat.

Pendant tout le temps qui s'était écoulé depuis le 9 novembre, la grande armée du prince Charles était arrivée; et nous l'avions devant nous, semblant nous menacer sur notre gauche, du côté de Châteaudun. Plusieurs fois, la nuit, on nous fit prendre nos positions de combat que nous conservions toute la journée sans être inquiétés. Malheureusement nous ne devions pas l'être! La prudence est une des grandes qualités de l'armée allemande; elle vit bien tous les dangers qui résulteraient d'une attaque, et cependant il lui fallait Orléans, position singulièrement menaçante pour l'armée d'investissement.

Elle chercha dès lors à nous en faire sortir et à nous attirer dans ces immenses plaines de la Beauce où nous, jeune troupe, nous ne pouvions lutter contre une armée manœuvrière par excellence. Tel était le but qu'elle voulait atteindre, et elle y réussit.

Dans les derniers jours de novembre, l'armée de Frédéric-Charles, qui s'était étendue du côté de

Châteaudun, sembla tout à coup se replier vivement de l'ouest vers le nord-est. Nos reconnaissances nous signalèrent chaque jour de profondes colonnes se dirigeant à marche forcée vers Paris. En même temps, le bruit d'une tentative d'assaut dans laquelle les Prussiens auraient perdu 10,000 hommes, se répandit parmi nous; dès lors plus de doute, Paris était victorieux, et l'armée du prince Charles courait au secours de l'armée d'investissement.

Le 1er décembre, au matin, on lança toute l'armée de la Loire à la poursuite de ces colonnes qui semblaient fuir devant nous. La première division, partie de Saint-Péravy, marchait sur Patay, où elle rencontra l'arrière-garde ennemie. Pour nous, le mouvement de l'armée allemande n'était qu'un piége. Le grand problème était résolu; nous avions quitté Orléans et nous marchions en criant: A Paris! vers ces plaines tristes et plates où notre division allait, le jour suivant, laisser 3,000 de ses soldats.

Le 1er, à midi, nous entendîmes le canon de l'amiral Jaurréguiberry; c'était le commencement de la bataille d'Orléans, qui ne devait se terminer que quatre jours après!

Notre marche continuait toujours, et le canon semblait s'éloigner; en effet, l'amiral avait poussé les Prussiens avec une si grande vigueur que lorsque, à la tombée de la nuit, nous arrivâmes sur le lieu du combat, les positions étaient enlevées. C'est dans cette journée que se livrèrent les combats de Patay et de Villepion. Le ciel, tout parsemé d'étoiles,

nous annonçait une nuit des plus froides ; nos
colonnes, en bon ordre, s'arrêtèrent, éclairées par
les rayons de la lune, attendant l'ordre de camper.

Un officier d'ordonnance vint alors désigner au
colonel l'emplacement de sa brigade et en même
temps lui annoncer officiellement que Ducrot et
Trochu étaient, avec 300,000 hommes, dans la forêt
de Fontainebleau. Ordre fut aussitôt donné de com-
muniquer à nos troupes cette heureuse nouvelle, et
c'est nous qui fûmes chargé de cette douce mission.

Quelques minutes après on entendit sur toute la
ligne des cris de joie et d'enthousiasme arrachés
par ce bonheur inespéré ! Le lendemain, nous devions donner la main à l'armée de Paris après avoir
écrasé entre elle et nous cette armée puissante du
prince Charles ! C'était Paris délivré, la France victorieuse et sauvée !!!

Nous sommes intimement convaincu que ces
fausses nouvelles furent répandues en toute sincérité, car, même dans l'intérêt du pays, c'eût été un
crime inqualifiable de nous tromper ainsi en con-
naissance de cause.

C'est sous l'impression de ces dépêches que le
16ᵉ corps passa la nuit, s'étendant de Terminiers
jusqu'au delà de Villepion. Le 15ᵉ corps, beaucoup
plus à notre droite, campait au-dessous de Pourpri.

Vers minuit l'ordre de marche pour le lendemain
fut envoyé à notre commandant de brigade ; il comportait les instructions suivantes : « *Fouiller* suc-
« cessivement Orgères et Allaines. Après avoir en-

« levé ces positions, *si elles sont occupées,* marcher
« dans la direction de Toury, qui sera le gîte
« d'étape. »

Tels étaient les ordres pour la journée du lendemain, journée après laquelle, disait-on, nous devions joindre l'armée de Ducrot ; or, voici quelle
était, en réalité, la tâche que l'on nous imposait :
Enlever avec 40,000 hommes les positions formida-
bles d'Orgères et d'Allaines, hérissées de fermes et
de châteaux crénelés ; puis, après avoir culbuté les
150,000 hommes qui les occupaient, faire 30 kilomètres à travers champs pour gagner Toury.

Nous pourrions ajouter à ce commentaire de
l'ordre reçu, que nous ne pouvions le soir retrouver
le général Ducrot, qui, comme on le sait, exécutait
ce jour-là même sa sortie de Champigny.

Dans le courant de la nuit, un capitaine de hussards en reconnaissance entendit un sourd roulement du canon du côté de l'ennemi ; il estima, en
outre, à 40,000 hommes une colonne d'infanterie
qu'il aperçut au point du jour. Le tout semblait se
diriger rapidement sur Lumeau. C'était la concen-
tration des troupes allemandes qui s'opérait, con-
centration rendue très facile, grâce à la faible distance qui sépare toujours les uns des autres les
différents corps de leur armée. Cet officier en prévint notre général de division, qui s'empressa d'en
donner avis à notre chef de corps d'armée. Mais le
jour avait paru, et c'était l'heure fixée pour le départ.

Quelques instants avant de nous mettre en marche,

le maire du village de Terminiers nous donna quelques renseignements sur ces plaines que nous allions traverser : « Je ne sais, disait-il, si votre général est bien renseigné sur les points vers lesquels vous allez vous diriger ; mais, en allant hier à Allaines, j'ai vu les travaux qu'ils ont faits là-bas devant nous (il nous montrait Goury-le-Château). Tous les murs du château sont crénelés ; il y a de fortes positions d'artillerie à droite et à gauche du parc, et les bouquets de bois situés aux environs sont parfaitement disposés pour une défense vigoureuse. Quant à Orgères, c'est une véritable forteresse. » Nous lui demandâmes alors s'il pensait que l'ennemi eût abandonné ces positions. Hier, nous dit-il, les Prussiens n'y étaient pas. Sur ce l'ordre fut donné de mettre sac au dos.

Le 16ᵉ corps se mit en marche à sept heures et demie du matin. Notre brigade s'ébranla, le 38ᵉ en avant et les mobiles de la Mayenne en réserve, dans la direction de Loigny.

Tout en avançant nous songions à notre conversation avec cet homme intelligent, et aujourd'hui nous savons très bien ce que signifiait le roulement d'artillerie entendu par le capitaine de hussards. Un officier prussien prisonnier nous dit, en effet, quelques mois plus tard, qu'ils craignaient de ne pas arriver à temps pour occuper ces positions au lever du soleil.

Vers huit heures, nos trois bataillons continuaient

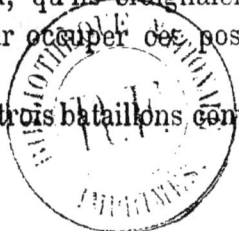

2

à marcher en bon ordre. Nous croyons pouvoir dire
que l'esprit des troupes était le même que la veille,
et quand même alors nous eussions appris qu'un
corps d'armée nous barrait le passage, nous n'eussions pas perdu de vue qu'il fallait aller tendre la
main à l'armée de Paris.

A huit heures et demie, nous avions dépassé le
village de Loigny, et, quelques instants plus
tard, la route de Chartres à Orléans. Nous fîmes
alors remarquer à notre colonel une forte colonne
à notre droite et presque à notre hauteur. — Ce
doit être, nous dit-il, la division Morandi.

Quelques instants après, les tirailleurs du 1er bataillon furent engagés, et le capitaine qui les commandait fut frappé d'une balle à l'épaule. Le feu
s'étendit bientôt à gauche, vers les tirailleurs du
2e bataillon, et presque aussitôt le colonel, qui était au
milieu des tirailleurs du 3e, entendit siffler plusieurs
balles. Fort surpris, il chercha d'où venait cette
attaque ; il fit immédiatement coucher les hommes
dans un repli de terrain, et envoya une compagnie
se déployer devant la ferme de Beauvilliers, située
à notre extrême gauche, et aux fenêtres de laquelle
nous distinguions la fumée des coups de feu qui
nous étaient adressés. Pendant ce temps, cependant
bien court, le 1er bataillon était écrasé, et voici comment : Les sombres colonnes aperçues à notre
droite semblant se rapprocher ; on en prévint le
commandant du 1er bataillon, M. Gariod, qui répondit : Ce sont les mobiles de la division Morandi.

En cet instant, ses tirailleurs, se replièrent sous une attaque très vive, et vinrent jeter un peu de trouble dans le bataillon, encore formé en colonnes. La prétendue division française se rapprochait toujours, et les soldats, n'y tenant plus, tirèrent quelques coups de fusil.

Le commandant Gariod se jette en avant, donne l'exemple d'un grand courage, cherche à rétablir le calme, de manière à pouvoir faire déployer son bataillon, et répète ces mots que nous trouvons sinistres aujourd'hui : « Ne tirez pas, ce sont les mobiles de la division Morandi! » Au même instant, cet officier plein d'énergie tombe frappé de plusieurs balles, dont une au front. Des salves terribles de mousqueterie se succèdent et jettent la mort dans les rangs. La confusion fut grande, le commandant était mort, et le bataillon n'était pas déployé. Plusieurs officiers entraînent leurs compagnies en tirailleurs, et cherchent à retarder la marche de cette lourde colonne. Les quelques hommes qui se précipitent pour ramasser leur regretté commandant tombent à côté de lui. Un vieux sergent plein de dévouement, fait des efforts inouïs pour l'enlever, jusqu'au moment où les Prussiens, chassant devant eux le bataillon disséminé, font plusieurs décharges sur lui, à soixante mètres environ. Par miracle, il put échapper à la mort, et, les vêtements percés de balles, il rejoignit les compagnies formées en tirailleurs, qui se repliaient en défendant avec désespoir un terrain jonché de cadavres.

Le même sort attendait le 2ᵉ bataillon, qui fut également attaqué de flanc par les mêmes régiments prussiens, et de face par les batteries de position placées à droite de Goury, Ce bataillon, aussi très éprouvé, avait eu néanmoins le temps de se déployer ; mais, dès le début, le commandant de Mornac et le capitaine adjudant-major de Santi étaient tombés grièvement blessés. Toutefois, les conditions dans lesquelles il se trouvait lui permirent de faire éprouver des pertes à l'ennemi. Il se replia peu à peu sur Loigny ; le 1ᵉʳ alla se reformer près de Terminiers.

Le temps pendant lequel ces scènes sanglantes s'étaient passées fut si court et l'attaque si surprenante, que le colonel, après avoir fait déployer le 3ᵉ bataillon, auprès duquel il se trouvait, ne vit plus que des cadavres et le désordre sur la longue ligne occupée naguère par ses deux premiers bataillons, une heure auparavant, forts de 1,300 hommes chacun !

C'était la fatale conséquence de cette formation essentiellement vicieuse de régiments énormes, Nous avions au bord du Rhin des cadres sans hommes, et nous n'avions là que hommes sans officiers.

Il était donc radicalement impossible de songer à rallier les deux premiers bataillons, disséminés et pour ainsi dire détruits. Les tirailleurs du 3ᵉ avaient résisté depuis l'attaque, cachés derrière les petites carrières et les quelques replis de terrain qu'ils avaient pu rencontrer. Les Prussiens sortirent peu

à peu du château, des bois et de la ferme, et s'a-
vancèrent sur nous en éprouvant des pertes sérieuses, mais avec beaucoup de tenacité. Un mouvement de recul s'opère alors parmi les nôtres, et
tout en tirant nous reculons jusque sur la route de
Chartres, dans les fossés de laquelle nous nous
établissons de nouveau. L'ennemi fut arrêté. Les
chasseurs à pied et un bataillon de mobiles viennent
alors à notre secours; la charge est sonnée, et avec
l'élan et le sublime désordre d'une jeune troupe,
chasseurs, 38ᵉ et mobiles s'engagent à fond sur l'armée prussienne, qui se déployait à 400 mètres environ. Les régiments ennemis qui avaient culbuté
nos deux premiers bataillons ne se trouvaient plus
à notre haueur, à cause du mouvement de recul que
nous avions opéré; ils formaient avec ceux qui
nous faisaient face, un demi-cercle dans lequel
nous nous enfonçâmes avec une grande vigueur,
espérant que les troupes qui devaient occuper notre
droite finiraient enfin par arriver.

L'ennemi ne résista pas à cette attaque vigoureuse; une grande confusion parut se mettre dans
ses rangs à notre approche, et bientôt nous pûmes
apercevoir les grosses masses que nous avions devant nous fuir pêle-mêle le long des grands murs
du château, sous un feu très nourri soutenu pendant
près de vingt minutes.

Nous nous lançons un instant à leur poursuite,
et, en traversant les terrains dont nous venions de
nous emparer, il nous fut permis de constater que

dans certains endroits leurs cadavres étaient réellement amoncelés.

Les mobiles (3ᵉ bataillon, 66ᵉ régiment), amenés par un capitaine adjudant-major, se montrèrent pleins d'entrain. — Nous ne demandons qu'à marcher, s'écriaient des officiers; mais qu'on nous dise ce que nous avons à faire. — *Faut-il tirer?* demandait naïvement un petit mobile plein de bonne volonté.

Généreuses natures, pauvres enfants arrachés à vos charrues, nous voulons ici vous rendre un hommage bien mérité; vous vous élanciez pêle-mêle, ignorant les moyens à employer pour rendre vos efforts efficaces, et n'écoutant que les cris de désespoir que la France, votre vieille mère, semblait vous jeter; et c'est vous qui alliez, quelques jours après, commencer une retraite de deux mois dans une neige épaisse et durcie par la gelée, sans vêtements, sans souliers, sans abri; c'est vous qu'on a traités de lâches! C'est en parlant de vous que les hommes qui se groupaient à Bordeaux autour des poêles d'estaminets, voyant leurs espérances s'écrouler, s'écriaient : « Il n'y a plus de patriotisme en France! c'est une nation pourrie! »

Nous ne ferons qu'une objection à ces infâmes reproches : le bataillon de Mayenne, qui fut engagé, laissa sur la route de Chartres 200 hommes et 11 officiers!

Cependant la ferme de Beauvilliers était évacuée par l'ennemi; nous allions la dépasser, quand le château de Goury, tout crénelé, nous opposa un obstacle insurmontable. Les troupes que nous avions repoussées s'y reformaient promptement à l'abri de nos balles; il y eut comme un moment d'arrêt. Ces débris de notre brigade s'étant trop engagés, ils étaient sérieusement compromis. Le colonel jugea parfaitement la position; il conseilla donc immédiatement au commandant d'artillerie, qui s'était avancé avec nous, de faire replier ses batteries; il envoya en même temps le seul officier monté qu'il eût à son service demander des renforts au général Barry, qui n'eut pas un homme à lui donner. Dès lors il n'y avait plus d'espoir!

Un grand nombre de Prussiens, cachés dans les murs du parc, nous envoyèrent une pluie de balles; de grosses colonnes, qu'on voyait à perte de vue, s'avançaient menaçant notre droite et notre gauche. Un renfort, qui leur arriva vers une heure, porta le nombre des troupes qui nous furent opposées dans cette journée à 160,000 hommes; et nous ne croyons pas nous écarter de la stricte vérité en disant que notre groupe eut alors à soutenir le choc de 10,000 Bavarois.

Cet adversaire formidable reprend alors une offensive dont nous ne pouvons pas donner d'idée : nos hommes tombaient autour de nous avec une rapidité effrayante! Le soldat français, essentiellement nerveux, est arrêté difficilement quand la panique s'empare de lui; aussi, la confusion dont nous fûmes témoins est impossible à décrire. Le demi-cercle de troupes ennemies dans lequel nous étions

engagés se resserra et s'avança méthodiquement
sur nous, en nous couvrant de feux de salve admirablement exécutés. Nous nous rappellerons toujours ce moment terrible où nos chevaux furent
véritablement heurtés par ce flot d'hommes en dé-
route, parmi lesquels se trouvaient un grand nombre
de Prussiens courant avec les nôtres, sans armes,
la tête nue et poussant des cris (1).

Nous rejoignîmes ainsi le village de Loigny, les
yeux remplis de larmes arrachées par l'impuissance
où nous nous trouvions de résister. Dès lors, toute
l'artillerie prussienne concentra son feu sur l'espace
qui nous séparait des premières fermes du village,
et qui nous parut être d'un kilomètre environ.

Il était deux heures; nous allâmes nous grouper
derrière le village, occupé par des mobiles qui, en
le défendant, firent éprouver encore des pertes
assez sérieuses à l'ennemi.

Nous avions perdu 1,200 hommes et 22 officiers,
dont 2 chefs de bataillon et 8 capitaines, et les deux
tiers du régiment n'avaient pas été engagés plus
d'une heure !

Tandis que nous étions aux prises avec ces forces
écrasantes, le 17ᵉ corps d'armée, commandé par le
général de Sounis, et que, le matin, on croyait inu-
tile de faire marcher avec nous, avait reçu l'ordre
de s'avancer dans la direction du canon. Il avait
près de quatre lieues à faire.

(1) Nous supposons que ces soldats, légèrement blessés, s'étaient
couchés lors de notre mouvement offensif, et qu'ils se relevèrent, au
moment où nous fûmes repoussés, pour fuir avec nous.

Néanmoins, ses quatre-vingts pièces arrivèrent à trois heures à peu près, et plusieurs régiments d'infanterie, précédant le corps d'armée, vinrent à notre secours, mais sans présenter une masse assez compacte pour repousser la grande quantité de troupes ennemies qu'on vit, dès lors, se répandre dans la plaine. Nous fûmes dépassés par deux régiments de mobiles, dont l'un fut conduit au feu par notre colonel, qui se trouvait sans soldats. « Les pauvres enfants, disait-il en revenant parmi nous, ils ne savaient même pas ce qu'on leur demandait en les faisant déployer. »

Après avoir reçu des cartouches, les 200 hommes que nous avions pu rallier restèrent masqués, tant bien que mal, par un petit bouquet de bois, et il nous fut possible, pendant une heure environ, de voir l'ensemble de cette grande lutte. A notre droite, à quatre ou cinq lieues, nous entendions gronder le canon et les mitrailleuses du 15e corps, qui soutenait le choc de l'armée de Mecklembourg; à notre gauche, la 1re division, commandée par l'amiral Jaurréguiberry, luttait, soutenue par l'artillerie du 17e corps, dont les quatre-vingts pièces ouvrirent un feu bien nourri. Devant nous le village de Loigny, défendu par les débris de notre division et quelques bataillons qui venaient d'arriver, s'écroulait sous une véritable pluie d'obus.

Autour de nous, notre artillerie divisionnaire répondait encore avec ses pièces de quatre, dont l'impuissance faisait mal à voir.

C'est alors, sur ces plaines nues et plates, qu'il nous fut facile d'établir des comparaisons, et de constater qu'une batterie prussienne qui reçoit quelques obus bien pointés, attelle immédiatement pour aller prendre une position d'où elle nous accable, hors de portée de nos canons.

Cependant on voyait s'avancer dans la direction de Patay le gros du 17e corps. Nous nous demandions tous s'il arriverait à temps pour nous venger.

Enfin, vers quatre heures, et le jour baissait déjà, le général de Sounis, suivi de deux gooms, vint à nous et demanda quel était l'officier qui nous commandait. Le colonel, dont la jument avait été traversée par une balle, se présenta à lui et se mit à sa disposition, lui et les quelques soldats qui l'entouraient. Le général emmena 150 hommes pour soutenir une de ses batteries, et ordonna au colonel de marcher sur la ferme de l'Ecuillon, située à droite du village. Le colonel partit sans murmurer, suivi de 40 hommes et de 2 officiers. C'est ce qui lui restait, pour le moment, des 7,000 hommes qu'il commandait le matin. — A ce moment, les zouaves pontificaux, commandés par Charette, se précipitèrent, avec le 45e de marche, sur Loigny et les bouquets de bois qui l'environnent. Le général de Sounis, Charette, Troussure tombent à la tête de leurs troupes ; le dernier ne devait plus se relever.

Nous nous déployâmes en tirailleurs devant la ferme indiquée, et nous étions parvenus à en débusquer les Prussiens, lorsque la nuit vint mettre fin à cette sanglante journée.

La neige commença à tomber; des hurrahs sauvages, poussés par l'ennemi, nous annoncèrent la perte définitive du village de Loigny; et bientôt les coups de feu devenant de plus en plus rares, les longues files de cacolets, éclairées par les incendies allumés dans la plaine, commencèrent à passer lentement sur la route de Terminiers, où nous campâmes dans les mêmes emplacements que la nuit précedente.

Notre docteur, M. Babaut, resta dans l'église de Loigny, entourée de maisons en feu, avec 600 blessés étendus sur les dalles, *sans paille, sans linge* et *sans eau*.

Telle fut pour nous la deuxième journée de la bataille d'Orléans.

A Terminiers, les débris de nos trois bataillons se réunirent, et les tristes récits qui se succédaient ne furent interrompus que par les cris des blessés transportés dans les maisons du village. Le régiment comptait 800 hommes; il né devait jamais en avoir plus de 1,200 par la suite.

La journée du 3 commença triste et froide. Le général Barry nous donna l'ordre de nous diriger sur Bricy, que nous devions défendre. Le colonel, avec le 2ᵉ bataillon, resta auprès de lui; les deux autres se dirigèrent directement vers le village indiqué. En route, le général, qui marchait en arrière, reçut l'ordre de se porter immédiatement du côté du canon, qui commença à se faire entendre vers onze heures. Il s'y rendit avec 5 à 6,000 hommes, sans pouvoir faire prévenir nos deux bataillons partis en avant. Il arriva vers quatre heures, après une marche pénible, à Leucorne, sur le flanc de l'armée prussienne, qui avait porté tout son effort sur le 15ᵉ corps qu'elle écrasait avec une artillerie formidable. Une vingtaine de pièces tournées sur les débris qu'amenait à grand'peine notre général, suffirent pour disperser immédiatement des hommes exténués de fatigue et de faim.

Pendant ce temps, le 1ᵉʳ et le 3ᵉ bataillon continuaient à marcher sur Bricy, quand, avec une grande surprise, nous vîmes le 17ᵉ corps, privé de son général, s'éloigner dans un ordre parfait, avec ses quatre-vingts pièces, dans la direction de Saint-Peravy. Pourquoi cela? Est-ce que cette artillerie nombreuse et ces régiments relativement peu éprouvés par la journée précédente, arrivant vivement sur le flanc de l'ennemi qui pressait le 15ᵉ corps, n'auraient-ils pas eu plus de chances de faire changer la face des choses que les restes démoralisés de notre division anéantie?

La nuit, nous nous retrouvâmes tous à Bricy, où l'on nous annonça une distribution pour le lendemain. Officiers et soldats étaient affamés.

Nous vîmes encore des incendies dans plusieurs directions.

C'était la troisième journée de la bataille.

Le 4, au matin, la distribution de vivres fut rendue impossible par l'attaque du village, qui commença vers huit heures. Dès ce moment, nos troupiers incorrigibles, même dans les plus terribles circonstances, ne cessèrent de faire des plaisanteries sur la distribution tant désirée, qui leur fut réellement donnée par l'artillerie prussienne bombardant le village. La position de Bricy n'était tenable qu'autant que les deux villages de Gidy et de Coinces fussent sérieusement défendus; or, ils étaient évacués. Le régiment resta cependant à l'abri de tranchées, où les obus ne nous firent que peu de mal. Le feu d'artillerie cessa après avoir, en quelques coups, anéanti une batterie qu'on avait essayé de leur opposer. Une pièce de cette batterie fut emmenée par un cheval de labour, conduit par un de nos officiers.

Lorsque l'artillerie eût cessé son feu, nous aperçûmes des lignes d'infanterie descendre lentement vers nos tranchées, précédées par des uhlans, méthodiquement espacés, qui s'avançaient avec une grande circonspection. Le silence observé par nous fut saisissant et inquiétant pour l'ennemi, qui se rapprochait cependant de plus en plus.

Nous reçûmes alors l'ordre de quitter sans bruit, le village impossible à défendre, et de nous replier encore dans la direction d'Orléans, à Boulay, où nous devions trouver des tranchées importantes et bien disposées. — C'est là certainement la plus belle page de l'histoire du régiment, car après quatre jours de fatigues, de combats et de faim, la démoralisation ne l'avait pas gagné.

Notre colonel, avec un seul chef de bataillon, sans chevaux, sans officiers montés, ne pouvait alors que s'occuper de son régiment. Il nous fit sortir de la tranchée en nous recommandant de ne pas nous laisser voir. Nos 800 hommes furent, un instant après, formés en arrière du village, et s'avancèrent, dans un ordre parfait, de manière à pouvoir facilement former le carré dans le cas d'une attaque de cavalerie. C'est dans ces conditions que le général nous vit arriver à Boulay, où il serra la main de notre colonel en le complimentant sur le sang-froid dont le régiment avait fait preuve. Il lui indiqua immédiatement les tranchées immenses que nous devions occuper, et nous dit qu'il fallait absolument y arrêter l'ennemi assez longtemps pour sauver le long convoi de vivres qui défilait sur la route, derrière nous. Nous ne pouvions d'ailleurs avoir d'autre espérance, car la droite de l'armée, attaquée depuis le matin, commençait à plier sur les onze heures, et même un certain nombre de régiments étaient déjà refoulés sur Orléans.

Nous étions alors trop vivement poursuivis depuis deux jours, pour qu'il nous fût possible de nous arrêter dans ces splendides positions comme nous eussions pu le faire cinq jours auparavant. Une armée défaite ne se reforme pas sous le feu de l'ennemi.

Nous gagnâmes les tranchées, bien résolus à faire vigoureusement notre devoir ; nous avions, en effet, bien des amis à venger !

En jetant les yeux sur le village que nous venions de quitter, nous aperçûmes, à notre grande satisfaction, que notre manœuvre avait bien réussi. Les éclaireurs ennemis, qui ne nous avaient pas vu sortir de Bricy, tournaient autour des maisons avec précaution, et ce ne fut qu'après s'être bien convaincus que nous en étions partis qu'ils se décidèrent à y pénétrer eux-mêmes. Ils furent bientôt suivis par l'infanterie. Pendant ce temps nous prenions nos positions dans les tranchées, bien décidés à les défendre jusqu'à ce que le convoi fût entièrement hors de danger.

Entre nos tranchées et le village s'étendait une plaine parfaitement unie de 2 kilomètres environ. C'était sur ces terrains entièrement nus et découverts que les Prussiens devaient s'avancer pour arriver sur nous. Leur régiment qui sortit du village déploya ses tirailleurs et marcha en avant. A notre gauche, nous avions une batterie abritée derrière un épaulement; à notre droite, une autre batterie soutenue par la mobile, qui usa malheureusement toutes ses cartouches en quelques instants. Plus loin, sur une grande étendue, l'action était engagée aux abords de la forêt d'Orléans. C'était un roulement terrible de coups de canon et un feu de mousqueterie très soutenu. Il était neuf heures environ.

Nous laissâmes avancer les tirailleurs prussiens jusqu'à 800 mètres à peu près; lorsqu'ils furent à cette distance, nous commençames un feu qui fut exécuté avec une grande précision. Tous les Prus-

siens se jetèrent sur le sol et nous répondirent
mollement. Notre feu cessa. A l'aide de notre lu-
nette, nous vîmes parfaitement les officiers frapper
leurs hommes et marcher devant eux avec une
grande énergie. Peu à peu les tirailleurs, recevant
des renforts, se relèvent et s'avancent. Nous recom-
mençons des feux de peloton à 700 mètres, qui pro-
duisent le même effet que la première fois. Plusieurs régiments sortent successivement de Bricy
et subissent les mêmes pertes, sans pouvoir appro-
cher nos positions. Cet état de choses se prolongea
jusqu'à deux heures. Or, à midi, notre droite en-
foncée était rejetée dans les faubourgs d'Orléans ;
une batterie de réserve était enlevée par des uhlans
à plusieurs kilomètres derrière nous, et notre général, entouré par des cavaliers ennemis, ne devait son
salut qu'à un régiment de mobiles qui les dispersa.

Bientôt, cependant, la batterie à laquelle notre
droite s'appuyait fut attaquée par trois batteries
ennemies. Deux jeunes lieutenants restèrent à leur
poste avec une tenacité admirable, n'ayant plus que
des boîtes à balles pour répondre à leur puissant
adversaire. Ils quittèrent enfin leurs positions en
laissant une pièce démontée, un grand nombre de
chevaux et 70 hommes.

Notre seule consolation aujourd'hui, en retraçant
ces tristes scènes, c'est que nous sommes intimement convaincus que l'armée prussienne, placée
dans de semblables conditions, n'eût pas songé à
résister un instant.

Nous n'avions plus d'artillerie, notre droite était débordée, mais le convoi avait disparu ; notre tâche était donc accomplie et nous n'avions pas perdu un homme. Deux hussards envoyés par le général Barry vinrent nous donner l'ordre de nous replier vers les Ormes ; un instant après un troisième cavalier nous apporte les indications sur la ligne de retraite à suivre ; les Ormes étant occupés par l'ennemi, nous ne pouvions plus gagner Orléans : il fallait marcher sur la rive droite de la Loire, vers Beaugency. Le colonel, sortant de la tranchée, nous appela doucement, et nous le suivîmes tous à regret, après avoir fait une dernière décharge sur l'ennemi. Nous eûmes alors la douleur de laisser entre ses mains le capitaine de Marmiès, grièvement blessé.

Nous ferons remarquer ici que c'est dans des conditions semblables que les soldats et malheureusement beaucoup d'officiers, qui ne se rendent pas compte de l'action générale, s'écrient : « On nous trahit toujours ! Au moment où nous étions victorieux, on nous a fait battre en retraite. » C'est ainsi qu'un officier fort distingué du régiment fut toujours d'avis que l'évacuation de nos tranchées n'avait pas sa raison d'être !

Il était deux heures. Une grande partie de l'armée traversait Orléans ; l'autre partie marchait sur Beaugency, suivant la rive droite ; nous formions l'arrière-garde de celle-ci; c'était le 38ᵉ qui venait de brûler sa dernière cartouche.

Telle fut la quatrième journée de la bataille d'Orléans.

Au sujet du drame que nous venons de raconter, Gambetta fit afficher la dépêche suivante : « A la suite de *quelques engagements*, le général d'Aurelles de Paladines , jugeant que les positions en avant d'Orléans ne sont pas tenables, se replie sur la rive gauche de la Loire. »

Ensuite le ministre de la guerre manifeste hautement un étonnement plein d'aigreur, en disant qu'on ne quitte pas une ville qu'on doit défendre quand on a encore 500 bouches à feu et 100,000 hommes à sa disposition.

Cela est vrai , parfaitement vrai ; mais, selon nous, l'étonnement de M. le ministre de la guerre provenait de l'erreur grossière qu'il avait commise en parlant *des quelques engagements*. Nous espérons qu'aujourd'hui il est revenu de cette méprise, et qu'on rendra pleinement justice à notre général en chef et à son chef d'état-major.

Orléans n'a donc pas été évacué après quelques engagements, mais bien après une bataille rangée qui dura quatre jours et qui fut livrée par l'armée de la Loire aux armées réunies du prince Charles et du grand-duc de Mecklembourg. Beaucoup d'entre nous, venant de l'armée du Rhin, s'accordent à dire que la bataille d'Orléans ne peut se comparer qu'à Gravelotte, Reichsoffen et Sedan.

Nous avons la conscience d'avoir dit la vérité la plus absolue ; nous croyons pouvoir ajouter, quoique n'ayant aucun renseignement précis à ce sujet, que nos généraux n'étaient pas d'avis de quitter les po-

sitions admirables que nous occupions le 31 novembre. Le général d'Aurelles, en marchant sur
Paris, aurait cédé aux ordres incessants de celui
qui devait ensuite le flétrir devant l'opinion, en faisant retomber sur lui seul la responsabilité de la
seconde évacuation d'Orléans !

Nos hommes, harassés par quatre jours de lutte,
gagnèrent les bois de Bucy avec peu de pertes,
Nous les traversâmes rapidement, grâce à la con-
naissance que nous avions de tous les chemins.
Nous devons à cette circonstance de n'avoir pas
tous été faits prisonniers. Bientôt, cependant, la fatigue se fit sentir ; la route de Meung encombrée
de voitures de toutes sortes, n'était pas praticable ;
il fallait marcher dans les champs, et le désordre devait être la conséquence nécessaire de ces obstacles.

Notre colonel arriva à Beaugency, le 4 au soir,
accompagné de trois officiers. Le reste du régiment,
disséminé sur la route suivant la force de chacun,
se porta en partie jusqu'à Mer, après avoir fait plus
de 70 kilomètres depuis le matin et sans avoir eu,
depuis le 1er décembre, d'autre nourriture que
quelques biscuits.

Le 5, nous retrouvâmes environ 700 hommes à
Mer, au milieu de soldats isolés appartenant à tous
les corps. Notre général n'avait alors que notre régiment sous la main, et quel régiment ! Le colonel
reçoit l'ordre d'aller à Blois ; à peine arrivé à Blois,

le 6 au soir, il reçoit une seconde dépêche qui le rappelle de suite à Mer, où il arrive avec 500 hommes environ; le 7, dans la journée, on nous loge dans les halles, sans paille et par un froid de 10 degrés. Les hommes, sans force, exténués de fatigue, se laissent tomber plutôt qu'ils ne se couchent, et s'endorment. Vers neuf heures du soir; le général reçoit l'ordre de se porter immédiatement avec *sa division* à Beaugency. La marche est sonnée; nous réveillons nos pauvres martyrs, qui mettent sac au dos et arrivent à Beaugency après une étape de quatre lieues rendue fort pénible par la neige et le froid. Arrivés à Beaugency, le général Camo demande à notre colonel, qui se présente à lui, dans quel état est son régiment. Sur sa réponse, il nous renvoie en disant qu'il n'a que faire d'un régiment fatigué par quatre jours de combat et par trois jours et trois nuits de marche. Nous repartons pour Mer. Plusieurs hommes sont trouvés morts sur la route. Nous arrivons vers cinq heures du matin et nous nous endormons de nouveau sur les pierres glacées de la halle. Une heure après nous recevons l'ordre de remarcher dans la direction de Beaugency et de prendre position au château de Beaumont. Nous réveillons de nouveau nos hommes et nous partons pour le lieu indiqué.

Nous y trouvons des soldats du génie occupés à pratiquer une tranchée à quelques kilomètres devant nous, et à gauche le canon se fait entendre : c'est là bataille de Beaugency qui commence. Nous sommes prévenus quelques instants après qu'il faut nous porter *rapidement* sur le lieu de l'action. nous y arrivons vers trois heures et nous assistons à la fin de cette bataille, qui fit le plus grand honneur au général Chanzy. Cette rencontre, prolongée jusqu'au lendemain soir, fut une grande lutte d'artillerie pendant laquelle plusieurs corps prussiens battirent en retraite jusqu'à Orléans. L'ennemi, qui marchait avec assurance à notre poursuite, fut terrifié de la vigueur que montrèrent pour l'arrêter deux corps d'armée, dont l'un, le 17e, avait peu souffert, et dont l'autre, le 21e, était intact et secondé par une puissante artillerie.

Nous fîmes halte au pied des murs de la ville, attendant des ordres. Une gelée de 12 à 15 degrés rendait notre fatigue plus insupportable que jamais.

Vers neuf heures du soir, un jeune officier d'ordonnance vint nous demander à quel corps nous appartenions. Le colonel répondit aux différentes questions posées par cet officier qui, disait-il, avait ordre de nous faire déployer en *sentinelles* depuis le chemin de fer jusqu'à la Loire ; nous devions ainsi surveiller l'ennemi, qui avait pénétré dans la ville à la tombée de la nuit. Le général Camo, au nom duquel il parlait, était certainement trop intelligent pour donner un ordre en contradiction avec tous les réglements militaires. Nous apprîmes depuis qu'il avait dù se retirer aussitôt après la bataille, dans un état de santé alarmant. Nous n'avons pas besoin d'insister sur l'absurdité inouïe d'un pareil mouvement. Le colonel fit remarquer à l'officier d'ordonnance les chances qu'il courait de n'avoir plus un homme quelques instants après.

— « C'est l'ordre du général, » lui répondit-il; et il partit au galop dans une autre direction, pour porter sans doute ailleurs des ordres semblables.

Dans le doute, et ne pouvant parler au général en personne, le colonel obéit.

Nous n'en voulons pas à ce jeune officier, plein de bonne volonté peut-être ; mais pour nous cet incident fut un déchirement de cœur. C'est alors que la *comédie* commença ; c'est alors que des officiers d'état-major recrutés parmi tous les jeunes gens du monde sachant monter à cheval, vinrent donner des ordres insensés à de vieux officiers dont la soumission et le dévouement furent inaltérables.

Quoi qu'il en soit, le régiment fut déployé en *sentinelles* du chemin de fer à la Loire. Une compagnie placée sur la voie garda un train de munitions qui contenait 20,000 coups de canon. Nous voyons toujours cette locomotive fumante, la ville de Beaugency éclairée par la lune, la Loire roulant de gros glaçons, et dans le lointain ces éternels incendies qui semblent être la conséquence fatale du passage des Prussiens.

Vers minuit, une première ronde nous permit de constater que la moitié de nos hommes avaient disparu; à la seconde tournée, faite par un adjudant-major, il ne restait plus que quelques soldats. Plusieurs étaient étendus par terre, inanimés ! !

Nous retournâmes à Mer par la voie du chemin de fer d'Orléans; nous y arrivâmes le 9 au point du jour.

Depuis le 7 nous avions donc fait, en marches et contre-marches inutiles, 96 kilomètres, dans l'état de misère qu'on a pu apprécier par le récit précédent.

Le 9 nous quittions Mer pour aller à Blois. Des obus qui arrivaient jusqu'à nous nous firent perdre quelques hommes sur les quais de la Loire, que nous gardions pendant qu'on exécutait les travaux nécessaires pour faire sauter le pont. Au bout de trois jours nous commençâmes notre retraite sur le Mans. Après quelques combats d'arrière-garde peu importants, nous arrivâmes à Jupille le 16 décembre. Le gros de l'armée alla vers le Mans ; notre division resta dans la forêt de Bersaye, où nous fûmes campés. Notre régiment faisait dès lors partie du corps d'observation qui devait protéger l'armée en reformation au Mans.

Le 19 nous repartîmes pour Chahaignes, où nous eûmes enfin huit jours de repos interrompus, comme de juste, par des prises d'armes continuelles.

Les hommes disparus revinrent en partie, et vers le 25 le régiment comportait 1,200 hommes présents. On nomma des officiers à tous les grades, sauf à ceux d'officiers supérieurs, qui restèrent vacants jusqu'à notre arrivée à Paris, où nous reçûmes deux chefs de bataillon de l'armée de Metz. Or, que pouvait faire un colonel commandant une brigade (les mobiles avaient rejoint), et n'ayant qu'un seul chef de bataillon sous ses ordres ?

Le 27, nous apprîmes que le général Jouffroy
d'Abans se portait en avant de l'armée, ayant sous
ses ordres une colonne mobile composée de régiments choisis dans les différents corps, avec la
mission d'inquiéter les avant-postes prussiens et
de protéger le chemin de fer de Tours au Mans.

Nous croyons toutefois qu'il lui était recommandé
de ne pas *engager* l'armée de la Loire. Ses débuts
furent heureux; quelques brillants combats d'avant-
postes nous donnèrent un assez grand nombre de
prisonniers. Il va sans dire que notre malheureux
38e devait faire partie de cette colonne avec le
66e mobiles. Nous partîmes donc le 28 au matin,
pour arriver à Fortau le 30 dans l'après-midi. Les
hommes firent le café, et deux heures après nous
nous dirigions sur Azay, pour repartir encore à
quatre heures du matin dans le but d'aller faire un
coup de main sur Vendôme. L'évacution de la ville
pouvait même en résulter.

D'après les instructions données, le colonel, à la
tête de deux brigades et d'une batterie, devait s'emparer à midi du château de Bel-Air, occupé par les
Prussiens et situé à deux kilomètres de Vendôme.

Le mouvement fut bien combiné, et l'ennemi,
surpris au moment où il venait de s'établir dans le
château et les bois environnants, fut chassé après
deux heures de combat.

En nous avançant vers Bel-Air nous avions laissé
à notre droite la forêt de Vendôme, que traversait
directement la mobile avec ordre de marcher paral-

lèlement à nous sur le village des Tuileries. Dans leurs marches ils avaient été attaqués par une forte reconnaissance prussienne, qui, entendant notre canon sur Vendôme, s'était rapidement repliée et vint sortir de la forêt à l'endroit même où devait déboucher la mobile. En voyant cette colonne s'avancer en bon ordre, nous ne songeâmes qu'aux mobiles que nous attendions avec impatience. Des uhlans qui l'accompagnaient nous firent bientôt reconnaître notre erreur ; immédiatement nos pièces furent dirigées sur elle et jetèrent un grand désordre dans ses rangs ; elle gagna au pas de course le village des Tuileries que nous continuâmes à bombarder. Un instant après la mobile arrivait à sa poursuite, et put faire une centaine de prisonniers dans les maisons.

Nous restâmes dans le château jusqu'à une heure du matin. C'était le premier jour de l'année !

A une heure, l'évacuation de Vendôme n'ayant pas suivi notre petite victoire, à cause de mouvements simultanés qui n'avaient pas réussi, nous dûmes repartir pour Fortau, où nous fûmes cantonnés pendant trois jours.

Le 5, on se battit à Villiers ; le 6, à Gué-du-Loir et aux Roches. Ce jour fut le commencement de la retraite sur le Mans. Nos manœuvres, qui avaient été bien exécutées les premiers jours, furent, selon nous, poussées trop loin. Cette colonne mobile, qui devait seulement garder le chemin de fer de Tours sans engager l'armée, ne se contenta pas du rôle

qui lui était imposé et harcela l'ennemi outre me-
sure. Le 6, en effet, Frédéric-Charles sortait de Vendôme et marchait sur le Mans avec 180,000 hommes.

Nous eûmes, jusqu'au 11 janvier, des combats
d'arrière-garde continuels. Nous citerons seulement le combat de Saint-Pierre-du-Lourouër :
d'abord, parce que nous ne voulons raconter que ce
que nous avons vu ; ensuite, parce que nous vîmes
très bien, dans cette circonstance, de quelle
manière les éclaireurs prussiens reconnaissent une
position avant de l'attaquer.

Le 9, après trois jours de marches sur le verglas,
au milieu de chevaux s'abattant à chaque pas, et
toujours vigoureusement poursuivis par l'ennemi,
nous fûmes chargés de défendre le passage de Saint-
Pierre-du-Lourouër. Notre régiment se porta en
avant du village, à Brives, à quatre heures du matin.
Dans cet endroit, la route est encaissée entre deux
hautes collines couvertes de sapins. A gauche, le
village de Courdemanche était gardé par le général
Jouffroy ; à droite s'étendait la forêt de Jupille, protégée par la position de Chahaignes, qu'occupait le
général Barry avec un régiment, le 31ᵉ de marche.

Nous ferons remarquer qu'en ce moment notre
colonel recevait continuellement des dépêches si-
multanées et, par suite, des ordres contraires du
général Jouffroy et du général Barry.

Le 38ᵉ fut placé dans les sapins qui couvraient
les deux collines, à bonne portée d'un pont sur le-

quel devait nécessairement passer la colonne d'attaque que nous attendions.

Bien convaincus de l'occupation sérieuse de Courdemanche et de Chahaignes, nous ne nous inquiétions pas des plateaux boisés qui couronnaient notre gauche et notre droite.

Nous attendîmes ainsi dans le plus grand silence, entièrement cachés par les sapins couverts de neige ; ce ne fut qu'à deux heures de l'après-midi qu'un uhlan fut aperçu à 200 mètres de nos avant-postes placés dans un fossé de la route même. Il s'avança peu à peu, suivi de deux autres cavaliers. Espérant qu'ils s'engageraient jusque dans nos lignes et que nous pourrions leur couper la retraite, nous défendîmes expressément à nos hommes de tirer ; malheureusement un coup de feu parti du haut de la colline en entraîna d'autres, et les cavaliers se sauvèrent au galop sans avoir été atteints. Dès lors, nous nous attendions à l'attaque de l'infanterie ; il n'en fut rien. Nous, Français, nous nous serions certainement contentés du rapport de ces trois cavaliers ; il n'en était pas de même de nos ennemis. Il leur fallait connaître pour ainsi dire la position de chacun de nous, afin d'agir en conséquence. Un instant après, un officier de hussards prussiens s'avance à la tête d'une vingtaine d'hommes, sur la route qu'il savait parfaitement occupée. Il semble avoir beaucoup de peine à entraîner ses cavaliers, séparés de lui d'une trentaine de mètres. Dans le silence solennel qui règne, nous enten-

dions le « Forvertz » prononcé d'une voix brève par
l'officier, qui s'avance jusqu'à environ 50 pas de
nos premiers postes. Là il s'arrête, tourne son
cheval à droite et à gauche, et semble provoquer un
coup de feu. Rien ne bouge. Il appelle alors un de
ses hussards, et désigne un buisson d'où les coups
de feu étaient partis un instant auparavant. Le cavalier s'avance et fait feu dans la direction indiquée.
Impossible alors de maintenir plus longtemps nos
hommes ; le feu gagne toute la ligne, et le vallon,
calme jusque-là, retentit d'une manière effrayante.
Il faut avoir assisté à ce combat pour juger de l'hor-
reur majestueuse que donnaient à cette scène les sites
pittoresques et la neige épaisse qui les recouvrait.

L'infanterie ennemie, bien renseignée alors par
cette reconnaissance, s'avança sur le pont, où elle
éprouva des pertes sérieuses. Le combat dura deux
heures, au bout desquelles des hurrahs sauvages
retentirent tout autour de nous ; la nuit tombait, et
nous étions tournés par les deux plateaux, aban-
donnés depuis midi, sans qu'on ait pu nous en prévenir. Chacun rejoignit la route comme il put, et
nous regagnâmes Saint-Pierre, où le colonel nous
reforma. Les Prussiens entraient dans le village au
moment où nous le quittions ; ils avaient 7,000 hommes d'infanterie, suivis bientôt par 35,000 hommes
qui attendaient en arrière que le passage fût libre.
Ils avaient perdu sur la route 600 hommes et plusieurs officiers, parmi lesquels se trouvait un colonel fort regretté par ses soldats.

Ces détails nous furent donnés depuis par un de nos sous-officiers blessé à cette affaire, et laissé entre leurs mains.

Après avoir passé la nuit du 9 au 10 à Grand-Lucé, nous arrivâmes au Mans le 10, à huit heures du soir.

Le régiment, après ces combats continuels, ces marches sans fin et ces nuits sans sommeil, s'attendait à rentrer dans la ville. Il n'en fut rien; les portes se fermèrent devant nous, et les soldats faillirent faire un mauvais parti aux gendarmes qui les gardaient. Il fallut alors nous reporter dans les tranchées de Champgé que nous devions défendre le lendemain 11, jour de la bataille du Mans.

Nous ne pouvons rien dire de l'ensemble de cette affaire, qui fut très disputée et très sanglante. Nous étions attaqués sur toute la ligne avec une grande vigueur, et les positions occupées par nous, toutes couvertes de bois de sapins, s'opposaient à de grands mouvements. Ce fut une série de combats acharnés livrés, à faible distance, dans les bois et les chemins creux.

Toutes nos positions furent conservées, sauf celle de la Tuilerie, abandonnée pendant la nuit du 11 au 12 janvier.

A deux heures de l'après-midi, notre colonel tomba grièvement blessé au moment même où, debout derrière la tranchée, il indiquait à ses hommes la bonne direction de leur tir. Il fut immédiatement transporté dans une ferme voisine, qui tomba au pouvoir de l'ennemi à la fin du jour. Dès ce moment, la démoralisation fut grande parmi nous. Nous fûmes ralliés le lendemain, et nous quittâmes le Mans avec la mobile, sous les ordres du commandant Laflèche.

Nous battîmes en retraite sur Laval, toujours placés à l'arrière-garde; les hommes se traînaient plutôt qu'ils ne marchaient sur cette route du Mans à Laval, couverte de neige et encombrée de voitures de toutes sortes, d'artillerie et de cavaliers isolés. Le 14, nous combattîmes environ deux heures à Charsillé, et le 15 à Saint-Jean-sur-Erve, où les Prussiens furent arrêtés par une batterie de mitrailleuses placée sur la route, et bien masquée par des arbres que nous avions abattus pendant la nuit.

Ce fut là notre dernière affaire. Le régiment avait donné dans huit combats et trois batailles. Le nombre de nos hommes tués, blessés et disparus se montait à 2,800. Nous avions perdu 30 officiers.

Nous arrivâmes à Laval le 16 au nombre de 450 environ, puis nous fûmes dirigés dans les cantonnements de la Gandounière pour garder la route de Rennes; pendant ce temps, l'armistice fut signé.

Que dirai-je de cette période? Ce fut pour nous une série de journées fatigantes. Nous nous dirigeâmes par étapes à Châtellerault, où, jusqu'à l'heure qui nous apporta la signature de la paix, nous travaillâmes à faire des tranchées et à créneler des maisons.

Le 38ᵉ fut appelé à Paris quelques jours après, pour réprimer l'insurrection qui paraissait imminente. Ce fut le premier régiment de l'armée de la Loire qui pénétra dans la capitale, que nous nous attendions à voir en ruines, tant on avait, selon nous, exagéré les horreurs du bombardement. L'accueil qui nous fut fait sembla sympathique, et nos pauvres troupiers trouvèrent encore la force de faire bonne contenance sous leurs vêtements déchirés.

Nous fûmes campés au Champ-de-Mars, et les hommes libérables renvoyés dans leurs foyers.

Ils ne pourront pas, les pauvres enfants, parler de leurs victoires; mais ils pourront dire avec orgueil qu'ils ont souffert avec résignation pour la grande cause de la patrie, et qu'aucune douleur ne leur a été épargnée !

Depuis le 18 mars, les journaux ont donné tous les renseignemeuts possibles sur les faits et gestes de notre régiment. C'est le 38ᵉ qui s'est emparé du fort d'Issy; c'est lui encore qui, sous les ordres du colonel Biadelli, a sauvé le Luxembourg et le Panthéon dans les tristes journées qui suivirent l'entrée des troupes dans Paris.

Telle est en peu de mots l'histoire d'un régiment et un peu aussi celle de cette armée de la Loire qui, formée en un mois, tint en respect et plusieurs fois en échec, pendant plus de trois mois, les meilleures troupes de l'armée allemande.

Toutefois, pour nous conformer à l'engagement que nous avons pris d'être d'une sincérité scrupuleuse, nous devons déclarer ici que depuis la conclusion de l'armistice l'armée avait conscience de l'impossibilité absolue de continuer la lutte dans les mêmes conditions. Il arrive, en effet, un moment où l'énergie de l'homme le mieux trempé est émoussée par des fatigues insurmontables, et aussi par les souffrances morales qu'il éprouve devant son impuissance à défendre efficacement son pays.

Bien convaincu que chacun a fait de grands efforts pour le salut de la patrie, nous ne voulons attaquer personne; de plus, quand on songe à l'héroïsme qui fut opposé à 800,000 hommes enivrés par la victoire et s'avançant, dès le 4 septembre, vers le cœur de la France sans armée, on se sent saisi d'admiration pour cette grande vaincue et de confiance dans l'avenir qui l'attend!!!

Nous osons dire avec assurance que cet hommage nous sera rendu par tous ceux de nos ennemis qui portent dans leur cœur l'honneur du soldat!

DIJON, IMPRIMERIE J.-E. RABUTÔT.

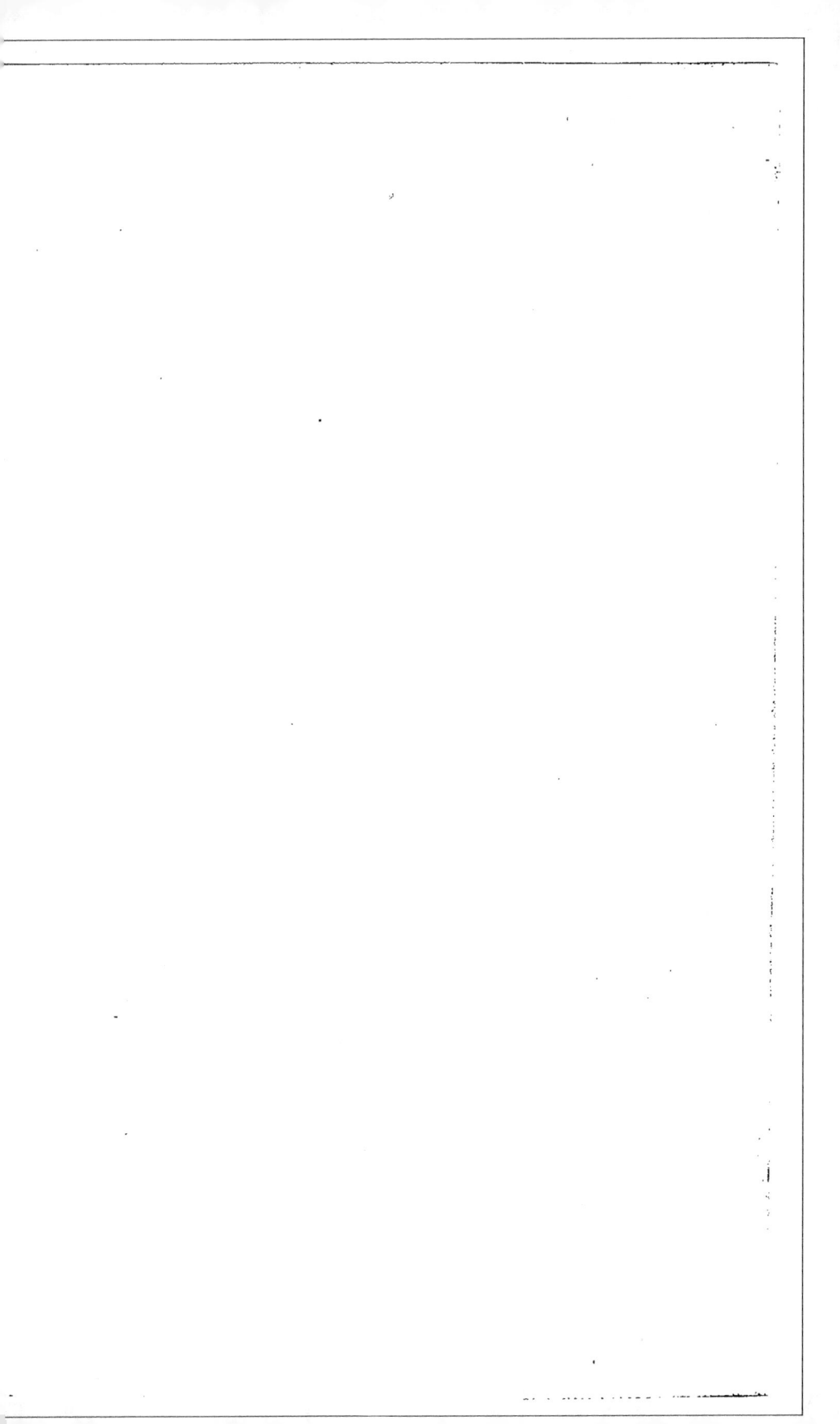

www.ingramcontent.com/pod-product-compliance
Lightning Source LLC
Chambersburg PA
CBHW072030290326
41934CB00010BA/2269